Die Originalausgabe erschien in Frankreich unter dem Titel »Veggie Burger«
Copyright für die Originalausgabe © La Plage, Paris, 2013
© der französischen Texte: Clea und Estérelle Payany, 2013

© für die deutsche Ausgabe: Hädecke Verlag GmbH & Co. KG, Weil der Stadt 2014
www.haedecke-verlag.de

Fotos: Charlotte Brunet
Illustrationen: Jessie Kaneloo-Weiner
Übersetzt aus dem Französischen von Jutta Schiborr
Das Rezept für glutenfreie Buns wurde durch den französischen Blog von Florence Arnaud angeregt, einer echten Expertin
für Brot, Sauerteig und glutenfreies Backen (http://makanaibio.com)
Lektorat der deutschen Ausgabe: Julia Genazino
Satz und Gestaltung der deutschen Ausgabe: Julia Graff unter Verwendung der Archer, Pupcat, Zar2 Script und Altemus Burst

ISBN 978-3-7750-0671-2
Printed in Germany 2014

ABKÜRZUNGEN UND MASSE

Bei den Löffelangaben handelt es sich immer um das gestrichene Tee- bzw. Esslöffelmaß, falls nicht anders angegeben.

TL = Teelöffel   EL = Esslöffel   geh. = gehäuft

ml = Milliliter   l = Liter   g = Gramm

TK = Tiefkühl   Pck. = Päckchen

5 g Salz entsprechen etwa 1 TL · 15 g Zucker entsprechen etwa 1 EL

HINWEISE: Je nach Beschaffenheit und Frische können die Mehlmengen leicht abweichen, je nach Konsistenz des Teiges dann noch etwas Mehl oder Flüssigkeit hinzugeben. Weizenmehl Type 550 kann durch Dinkelmehl Type 630 ersetzt werden. Bei den in den Rezepten verwendeten Hülsenfrüchten (Bohnen, Kichererbsen, Linsen) werden jeweils zwei Mengenangaben genannt: Das exakt benötigte Gewicht in gekochtem Zustand und eine ungefähre Angabe zum entsprechendem Trockengewicht. Der Grund dafür ist, dass Hülsenfrüchte beim Garen je nach Sorte und Größe unterschiedlich viel an Gewicht zunehmen (etwa zwei- bis dreimal so viel).

Veggie Burger

Cléa & Estérelle Payany

HÄDECKE

INHALTSVERZEICHNIS

🍃 = vegane Rezepte

EINLEITUNG

Wie um alles in der Welt kommt man auf die Idee, ein Kochbuch über vegetarische Burger zu schreiben? Gibt es nicht genügend andere Köstlichkeiten auf der Welt, die nicht gerade billiges amerikanisches Fast Food zum Vorbild haben? Burger gelten als *das* negative Symbol für globalisiertes, ungesundes Essen! Dabei braucht man nur ausgesucht gute, vegetarische Basiszutaten, ungewöhnliche Rezepte und einige spezielle Kniffe, um diese Mahlzeiten gesund und köstlich werden zu lassen! Dass Sie sich diese Frage überhaupt stellen, kann nur bedeuten, dass Sie noch nie in einen vegetarischen Burger gebissen haben: in das lauwarme Brötchen, außen schön knusprig und innen ganz weich. In eine raffiniert zusammengestellte Garnitur, bei der sich butterweiche, knusprige, flüssige, saftige, knackigfrische und triefende Zutaten zu einem wunderbaren Ganzen vereinen. Hier treffen alle Geschmacksrichtungen aufeinander: salzig, süß, sauer, bitter und umami*. Diese Vielfalt verwöhnt den Gaumen und lässt uns ganz neue Geschmackskombinationen entdecken.

Mit dem ersten Biss in einen Veggie Burger werden Sie unsere Begeisterung verstehen: Es ist wie eine kleine Reise in ein unbekanntes Land oder zurück in die Kindheit, ein wenig Abenteuer im Alltag. Die überraschende Sinnes- und Gaumenfreude bedeutet zudem eine Rückbesinnung aufs Einfache und Unkomplizierte – denn das sind die vegetarischen Burger. Und wer sagt, dass man sie auf die Schnelle vor dem Fernseher oder hinter dem Lenkrad herunterschlingen muss? Die neue Ära der Burger steht ganz im Zeichen des »Slow Fast Food«: Dabei nimmt man sich Zeit, um den Burger nach Lust und Laune zusammenzustellen und in aller Ruhe zu verspeisen. Oder man genießt ihn im Kreis der Familie oder mit Freunden bei einer Burger-Party. Es macht Spaß, dieses Essvergnügen mit anderen zu teilen, wobei jeder seinen Burger nach den eigenen Vorlieben belegen kann. Dabei gilt es, zwischen den verschiedenen Brötchen, Bratlingen, Saucen, Mixed Pickles und Salatblättern eine Auswahl zu treffen und sich für deftige Zwiebelringe oder einen leichten Krautsalat als Beilage zu entscheiden. Bei der Zubereitung vegetarischer Burger lässt sich zudem das eigene Wissen über die fleischlose Küche weiter vertiefen.

///////////////////////////////////

DIE VERPACKUNG für Burger sind die Brötchen, auch »Buns« genannt. Sie werden aus Weiß- oder Vollkornmehl gemacht, mit oder ohne Gluten, mit Reis, Kartoffel- oder Gemüsepüree und einer riesigen Auswahl an Körnern und Gewürzen, die in den Teig gegeben werden. Dabei erfährt man so einiges

---

* *Umami ist die relativ neu definierte, fünfte Geschmacksrichtung, die aus dem Japanischen mit wohlschmeckend, herzhaft oder würzig übersetzt wird. Das geschmacksverstärkende Aroma kommt durch natürliches Glutamat zustande, das in Fleisch und Fisch, aber auch in Parmesan, Walnüssen, Tomaten, Pilzen, Knoblauch oder Sojasauce zu finden ist.*

über raffinierte Zutaten, und auch die technische Seite kommt nicht zu kurz. So erfordert das Kneten und Gehen eines Teigs oder beispielsweise die Tangzhong-Methode (Seite 12) einiges Know-how. Ein simpler Burger kann Ihnen also die Kunst des Brotbackens näherbringen.

////////////////////////////////////

DAS HERZSTÜCK ist das vegetarische »Steak«. Diese Bezeichnung ist allerdings etwas widersinnig – deshalb ist in den Rezepten auch nicht von »Steak«, sondern von »Gemüseburger« und »Bratling« die Rede. Viele von uns wollen ihren Fleischkonsum verringern oder haben Fleisch schon ganz vom Speiseplan gestrichen. Wir gehen jede Wette ein, dass ein selbst gemachter Burger mit einem vegetarischen »Steak« sogar hartgesottene Fleischesser begeistern wird. Unzählige Geschmackskombinationen und Konsistenzen sind möglich, die unseren Gaumen überraschen. Und damit der vegetarische Burger auch als vollwertiges Gericht durchgeht (das kann und muss er leisten), ist es sinnvoll, ihn mit Hülsenfrüchten zuzubereiten. Sie ergänzen die im Brötchen verwendeten Getreidearten, sodass unser Körper mit der nötigen Menge an Proteinen versorgt wird. Kichererbsen, Linsen und Sojabohnen stehen auf der Zutatenliste ganz oben, wenn es um knusprig-weiche Gemüseburger geht. Zudem sind die Hülsenfrüchte geschmacklich eher neutral, was jedem seine individuellen Vorlieben für Aromen und Kräuter erlaubt: heute Rosmarin, morgen Erdnussmus und übermorgen Miso-Paste. Auch in dicke Scheiben geschnittene Auberginen und Sellerieknollen lassen

sich wie Steaks braten. Wenn Sie Gemüseburger zubereiten, lernen Sie dabei auch einiges über die Zutaten und Handgriffe der vegetarischen Küche kennen. Es gilt, nach Herzenslust zu formen, zu drücken und zu rollen, mit kleinen, runden Backrahmen und Tortelett-Förmchen zu hantieren, Bratpfanne und Backofen einzusetzen – dabei kann man sich herrlich austoben!

////////////////////////////////////

DIE GARNITUR bringt uns zur nächsten vergnüglichen Entscheidung, was noch auf den Burger drauf soll: welche Saucen, Dips, Tatars, Aufstriche, Gemüse, Pilze, Mixed Pickles ... Auch dabei sind Ihrer Fantasie keine Grenzen gesetzt. Machen Sie Ihren Ketchup und Ihre pflanzliche Mayonnaise doch einmal selbst. Das nimmt nur wenige Minuten Arbeitszeit in Anspruch, und Ihre Gäste werden begeistert sein!

////////////////////////////////////

DIE BEILAGE: Last but not least wird ein Burger selten ohne Beilage verspeist. Ein kleiner grüner Salat gefällig? Das ist sicher eine gute Lösung, wenn man gerade wenig Zeit hat – ansonsten darf es ruhig etwas origineller sein. Wie wäre es denn mal mit Gemüse-Pommes aus dem Ofen? Oder mit unserer Variante des typischen Cole Slaw, einem knackigen Krautsalat? Oder mit Kartoffelspalten, hausgemacht, glutenfrei und mit eigenem Ketchup angerichtet? Wenn Sie auch so viel Spaß mit dem vegetarischen Fingerfood haben wie wir, dann starten Sie doch eine Burger-Party: Auf geht's, alle Mann in die Küche!

UNSERE VEGGIE BURGER AUF EINEN BLICK

	Brötchen/Bun	Burger	Sauce	Dazu passt
Der Nussige	Bun aus Kartoffelteig (S. 14) oder Bun aus Roggenmehl und Melasse (S. 17)	Linsen-Burger mit Blumenkohl und Cashewkernen (S. 24)	Vegane Mayonnaise (S. 60), Barbecue-Sauce (S. 54) oder Joghurt-Sesam-Sauce (S. 54)	grüner Salat, Tomaten- oder Avocadoscheiben, frischer Koriander
Der Blutige	Bun aus Kartoffelteig (S. 14)	Rote-Bete-Burger mit roten Bohnen (S. 27)	Ketchup (S. 53) oder vegane Mayonnaise (S. 60)	Mixed Pickles (S. 61) oder Gewürzgurken, Käsescheiben, Kresse
Der Kräuterige	Bun mit Körnern und Gewürzen (S. 18)	Seitan-Burger nach provenzalischer Art (S. 31)	Zucchini-Püree (S. 58) oder Champignon-Tatar (S. 58)	Rucola oder Tomaten-scheiben, rote Zwiebel-ringe, Basilikum
Der Soja-Burger	Bun mit Körnern und Gewürzen (S. 18)	Tempeh-Burger (S. 33)	Barbecue-Sauce (S. 54) oder Ketchup (S. 53)	Kresse, Ananas- oder Avocadoscheiben
Der Falafel-Burger	Bun mit Körnern und Gewürzen/Kurkuma-Variante (S. 18)	Falafel-Burger (S. 37)	Joghurt-Sesam-Sauce (S. 54) oder Lauchzwiebel-Minz-Pesto (S. 60)	grüner Salat, Tomaten- und Gurkenstücke, Zwie-beln, Koriander, Minze
Der Italienische	Bun ohne Milch und Butter (S. 12)	Auberginen-Burger (S. 38)	Joghurt-Sesam-Sauce (S. 54) oder Champignon-Tatar (S. 58) oder Zaziki mit Minze	Tomatenscheiben, Rucola, Oliven, Büffelmozzarella oder geriebener Parmesan
Der Würzige	Bun aus Kartoffelteig (S. 14) oder Bun aus Roggenmehl und Melasse (S. 17)	Sellerie-Burger mit Teriyaki-Sauce (S. 40)	Vegane Mayonnaise (S. 60) oder Kresse-Creme (S. 57)	gehobelter Weißkohl, Radieschenstifte, Räu-chertofuwürfel, geriebene Möhren, Nori-Algen

	Brötchen/Bun	Burger	Sauce	Dazu passt
Der Klassiker	Bun mit Körnern und Gewürzen / Kurkuma-Variante (S. 18)	Tofu-Zucchini-Burger nach orientalischer Art (S. 43)	Joghurt-Sesam-Sauce (S. 54) oder vegane Mayonnaise (S. 60) und Ketchup (S. 53)	grüner Salat, Tomaten, Zwiebelringe, Gewürzgurken oder Mixed Pickles (S. 61)
Der Vegane	Glutenfreies Bun (S. 20)	Portobello-Burger (S. 46)	Avocado-Creme mit Algen (S. 56) oder Kresse-Creme (S. 57) oder Joghurt-Sesam-Sauce (S. 54)	Avocadoscheiben, rote Zwiebeln, Räuchertofu, Gemüsesprossen, Kerbel
Der Indische	Bun ohne Milch und Butter (S. 12) oder Bun aus Basmatireis nach indischer Art (S. 21)	Kürbis-Burger mit Cheddarkäse (S. 48)	Vegane Mayonnaise (S. 60) oder Joghurt-Sesam-Sauce (S. 54) oder Champignon-Tatar (S. 58)	Rucola oder Blattsalat oder Chicorée und Walnüsse/Baumnüsse, Koriandergrün, Rosinen
Der Südliche	Bun mit Körnern und Gewürzen / Paprika-Variante (S. 18)	Kichererbsen-Burger mit frischen Kräutern (S. 34)	Zucchini-Püree (S. 58) oder Ketchup (S. 53) oder Joghurt-Sesam-Sauce (S. 54)	Blattsalat, Tomatenscheiben, Tapenade (Olivenpaste)
Der Reggiano-Burger	Bun ohne Milch und Butter (S. 12)	Burger mit weißen Bohnen, Nüssen und Parmesan (S. 28)	Vegane Mayonnaise (S. 60) oder Kresse-Creme (S. 57)	bunte Tomatenscheiben, eingelegte Gemüsepaprika, Schnittlauch
Der Atlantik-Burger	Bun aus Kartoffelteig (S. 14)	Räuchertofu-Burger mit Algen (S. 45)	Avocado-Creme mit Algen (S. 56)	Gurken- oder Tomatenscheiben, Algen-Tatar

Brötchen für Burger: Buns

BUNS OHNE MILCH UND BUTTER

Beim klangvollen »Tangzhong« handelt es sich nicht etwa um eine exotische Zutat aus einem fernen Land. Dahinter verbirgt sich vielmehr ein einfacher Vorteig aus einem Wasser-Mehl-Gemisch, das einen Hefeteig besonders locker und saftig macht. Ein Tangzhong eignet sich daher besonders gut für die Zubereitung von weichen Burger-Brötchen. Das Rezept kommt ganz ohne Milchprodukte aus.

FÜR 6 GROSSE BRÖTCHEN/BUNS

TANGZHONG-VORTEIG
25 g Weizenmehl (Type 550)
125 ml Wasser

HAUPTTEIG
375 g Weizenmehl (Type 550)
1 EL Rohrohrzucker (15 g)
1 TL feinkörniges Salz (5 g)
6 g Trockenhefe
1 Ei
125 ml pflanzliche Milch-Alternativen (z. B. Soja-, Hafer- oder Reismilch)
30 g weißes Mandelmus

GARNITUR
Eigelb oder pflanzliche Milch-Alternativen zum Bestreichen
Sesam-, Lein-, Mohnsamen, Kürbis- oder Sonnenblumenkerne

1. Für den Tangzhong-Vorteig am Vortag das Mehl in einem kleinen Topf mit dem Wasser anrühren. Bei schwacher Hitze unter ständigem Rühren eindicken lassen (nicht kochen), bis der Kochlöffel sichtbare Linien im Teig hinterlässt. Abkühlen lassen, mit Frischhaltefolie abdecken und in den Kühlschrank stellen.

2. Am nächsten Tag für den Hauptteig Mehl, Zucker, Salz und Hefe in eine große Rührschüssel geben. In einer weiteren Schüssel das Ei mit der pflanzlichen Milch, dem Tangzhong-Vorteig und dem Mandelmus verquirlen. Zum Hauptteig gießen und alles einige Minuten durchkneten, bis sich eine glatte Teigkugel gebildet hat. Die Schüssel mit einem Baumwolltuch abdecken und den Teig etwa eine Stunde an einem warmen Ort ohne Zugluft gehen lassen.

3. Den Backofen auf 180°C vorheizen. Den Teig in sechs bis acht gleich große bzw. schwere Portionen aufteilen und jeweils zu leicht abgeflachten Kugeln formen. Mit ausreichend Abstand zueinander auf einem mit Backpapier ausgelegten Backblech verteilen. Abgedeckt eine weitere Stunde gehen lassen.

4. Die Teiglinge mit Eigelb oder pflanzlicher Milch bestreichen und mit Körnern nach Wahl bestreuen. Im vorgeheizten Ofen 20–25 Minuten backen.

BUNS AUS KARTOFFELTEIG

Haben Sie auch wieder einmal zu viele Kartoffeln gekocht? Die Reste lassen sich hervorragend zu köstlichen Buns weiterverarbeiten – außen knusprig, innen weich und mit Sesam garniert. Rosmarin verleiht den Kartoffelbrötchen die passende Würze; nach Geschmack eignen sich auch frisch gehackter Bärlauch, Basilikum oder Oregano.

FÜR 6 BRÖTCHEN/BUNS

200 g Kartoffeln
350 g Weizenmehl (Type 550)
ca. ½ Würfel Frischhefe (25 g)
1 Prise Zucker
1 TL feinkörniges Salz (5 g)
1 TL getrockneter Rosmarin
125 g Joghurt oder Sojajoghurt
50 ml Milch oder pflanzliche
Alternativen (z. B. Soja-, Hafer-
oder Reismilch)
etwas Mehl zum Bestäuben

Garnitur

etwas Milch oder
pflanzliche Milch-Alternativen
zum Bestreichen
Sesamsamen oder andere Körner
nach Geschmack (siehe auch
Rezept auf Seite 17)

1. Kartoffeln 15–20 Minuten weich kochen, schälen und abkühlen lassen. In einer Schüssel mit einer Gabel zerdrücken. Mehl, zerkrümelte Hefe, Zucker, Salz und Rosmarin mit der Gabel untermengen. Den Joghurt und die Milch untermischen.
2. Den Teig mit den Händen oder einer Küchenmaschine etwa zehn Minuten durchkneten. Die Schüssel mit einem Geschirrtuch abdecken und den Teig ein bis zwei Stunden an einem warmen Ort ohne Zugluft gehen lassen, bis sich das Teigvolumen ungefähr verdoppelt hat.
3. Backofen auf 180 °C vorheizen. Den Teig auf einer bemehlten Arbeitsfläche nochmals kurz durchkneten. Fühlt er sich klebrig an, mit etwas Mehl bestäuben. In sechs gleich große bzw. schwere Portionen aufteilen, jeweils zu leicht abgeflachten Kugeln formen und diese mit ausreichend Abstand zueinander auf einem mit Backpapier ausgelegten Backblech verteilen.
4. Die Teiglinge mit Milch bestreichen und nach Geschmack mit Körnern bestreuen, etwa 20–25 Minuten backen.

Tipp

Die Buns vor dem Aufschneiden und Belegen etwa fünf Minuten leicht abkühlen lassen. Oder ganz auskühlen lassen und mit einem Gemüseburger belegt nochmals fünf bis sieben Minuten bei 160 °C im Backofen aufwärmen.

BUNS AUS ROGGENMEHL UND MELASSE

Ich mag schwedisches Roggenbrot mit Sonnenblumenkernen – und auch die weichen, süßen amerikanischen Brötchen. Deswegen habe ich in diesem Rezept beides miteinander vereint. Die wichtigste Zutat ist die kräftig aromatische Melasse aus Zuckerrohr, die voller Vitalstoffe steckt. Sie färbt das Gebäck dunkler und macht es länger haltbar.

FÜR 6 GROSSE BRÖTCHEN/BUNS

ca. ½ Pck. Trockenhefe (5 g)
200 ml lauwarme Milch oder
pflanzliche Milch
125 ml lauwarmes Wasser
80 ml Olivenöl
1 EL Zuckerrohrmelasse (in
Bioläden und Reformhäusern
erhältlich)
240 g Weizenmehl (Type 550)
100 g Weizenmehl (Type 812)
50 g Roggenvollkornmehl
2 TL Salz (10 g)
etwas Mehl zum Bestäuben

GARNITUR

Milch oder pflanzliche Milch-
Alternativen zum Bestreichen
3 EL Körner (z. B. Sesam-, Mohn-,
Leinsamen oder Sonnenblumenkerne)

1. Die Hefe in eine Schüssel geben, die lauwarme Milch und das Wasser dazugießen. Unter ständigem Rühren die Hefe darin auflösen. Zehn Minuten abgedeckt ruhen lassen.

2. Öl und Melasse unterrühren. Beide Weizenmehle und Roggenmehl mit einem Holzkochlöffel kräftig untermischen und weitere zehn Minuten ruhen lassen.

3. Den Teig salzen und mit den Händen oder einer Küchenmaschine etwa zehn Minuten durchkneten. Fühlt er sich klebrig an, mit etwas Mehl bestäuben. Die Schüssel mit einem Geschirrtuch abdecken und den Teig zwei Stunden an einem warmen Ort ohne Zugluft gehen lassen. Danach noch einmal leicht durchkneten und evtl. etwas Mehl hinzufügen.

4. Backofen auf 220 °C vorheizen. Den Teig mit Mehl bestäuben. In sechs gleich große bzw. schwere Stücke aufteilen und jeweils zu leicht abgeflachten Kugeln formen.

5. Auf einem mit Backpapier ausgelegten Backblech verteilen. Mit etwas Milch bestreichen und die Körner darüberstreuen. Leicht andrücken, damit die Körner haften bleiben. Die Buns 15–20 Minuten backen.

Tipp

Sie können statt der sechs auch acht kleinere Buns formen und nach Wunsch einen Teil des Teigs einfrieren. Später im Kühlschrank auftauen, durchkneten und vor dem Backen nochmals an einem warmen Ort gehen lassen.

BUNS MIT KÖRNERN UND GEWÜRZEN

Schon kleine Küchengehilfen haben viel Spaß dabei: zuerst beim Kneten und später beim Anblick des aufgegangenen Teigs. Gewürze und Körner verleihen den einfachen und schnellen Buns Farbe und Aroma.

FÜR 6 GROSSE BRÖTCHEN/BUNS

500 g Weizenmehl (Type 550)
1 TL feinkörniges Salz (5 g)
9 g Trockenhefe (1 Pck.)
20 ml flüssiger Blütenhonig
75 ml lauwarmes Wasser
120 ml Dickmilch (oder Sojamilch, angerührt mit dem Saft
von ¼ Zitrone)
1 Ei
1 EL Oliven-, Raps- oder Sesamöl
1 Eigelb oder pflanzliche Milch
zum Bestreichen

FÜR RÖTLICHE BUNS

1 EL edelsüßes Paprikapulver
2 EL Kürbiskerne

FÜR GELBE BUNS

1 EL Kurkumawurzel, frisch
gerieben
2 EL Leinsamen

1. In einer großen Rührschüssel Mehl mit Salz vermischen. Wahlweise Paprikapulver oder Kurkumawurzel hinzufügen.
2. In einer kleinen Schüssel die Hefe mit Honig und lauwarmem Wasser anrühren. Fünf Minuten stehen lassen, bis es leicht schäumt. Die Dickmilch, das verquirlte Ei und Öl untermischen.
3. Die Mischung auf das Mehl gießen und etwa zehn Minuten durchkneten, bis der Teig nicht mehr an den Fingern klebt. Die Schüssel mit einem Baumwolltuch abdecken und den Teig etwa eine Stunde an einem warmen Ort ohne Zugluft gehen lassen.
4. Den Teig in sechs gleich große bzw. schwere Portionen aufteilen (jeweils etwa 110 g) und leicht abgeflachte Kugeln formen. Die Teiglinge mit der Naht nach unten und mit ausreichend Abstand zueinander auf ein mit Backpapier belegtes Backblech legen. Abgedeckt eine weitere Stunde an einem warmen Ort gehen lassen.
5. Den Backofen auf 190 °C vorheizen. Brötchen mit Eigelb oder pflanzlicher Milch bestreichen und mit Körnern nach Wahl bestreuen, leicht andrücken. Die Buns 12–15 Minuten backen. Vor dem Durchschneiden und Belegen etwas abkühlen lassen.

Variationen

Die Brötchen lassen sich auch mit weich gekochtem und püriertem Gemüse einfärben, beispielsweise mit Möhren, Kürbis, Spinat oder Tomaten. Je nach Menge der darin enthaltenen Flüssigkeit weniger Dickmilch und Wasser für den Teig verwenden. Kräftig rot werden sie durch die Verwendung von 50 ml Ketchup oder Rote-Bete-Saft (statt 50 ml Milch). Intensiv grün färben 2 TL Matcha-Tee oder 1 ½ TL Spirulina-Algenpulver oder Weizengrassaftpulver.

GLUTENFREIE BUNS

Es war gar nicht so einfach, ein Rezept für glutenfreie Brötchen zu entwickeln. Sie sollten locker-fluffig werden und zudem ohne Guarkernmehl, Flohsamenschalen oder Ei auskommen. Weil dieser Teig ähnlich flüssig wie ein Rührteig ist, sollten Sie ihn in kleine, feuerfeste Backformen füllen – damit die Buns gleichmäßig aufgehen.

FÜR 6 GROSSE BRÖTCHEN/BUNS

9 g Trockenhefe (1 Pck.)
1 EL Honig
250 ml lauwarmes Wasser
40 ml Olivenöl
100 ml lauwarme Milch oder
pflanzliche Alternativen
150 g Reismehl
150 g Maismehl
50 g Buchweizenmehl
150 g Kartoffel- oder Maisstärke
1 TL feinkörniges Salz (5 g)

GARNITUR

Milch zum Bestreichen
oder pflanzliche
Milch-Alternativen
Saaten und Kerne nach
Geschmack

1. Den Backofen auf 50 °C vorheizen. Die Hefe zusammen mit dem Honig im lauwarmen Wasser auflösen. Öl und Milch dazugießen.
2. In einer weiteren Schüssel Reis-, Mais- und Buchweizenmehl mit der Stärke und dem Salz vermischen. Eine Mulde formen und die flüssige Hefemischung hineingießen. Mit einem Holzkochlöffel zu einem geschmeidigen Rührteig vermengen.
3. Den Teig auf sechs kleine Backformen (Steingut-Förmchen, Ø ca. 10 cm) verteilen. In den ausgeschalteten Backofen stellen und etwa eine Stunde gehen lassen.
4. Backformen herausnehmen und den Backofen auf 180 °C vorheizen. Die Teiglinge in der Backform belassen, mit etwas Milch bestreichen und mit Saaten nach Wahl bestreuen, leicht andrücken.
5. Die Buns etwa 30 Minuten backen, aus der Form nehmen und auf einem Gitter auskühlen lassen.

Tipp

Die Brötchen erst nach dem Abkühlen aufschneiden, damit sie gut in Form bleiben. Für Mini-Burger kann der Teig auch in Muffinförmchen gebacken werden.

BUNS AUS BASMATIREIS NACH INDISCHER ART

Reiswaffeln als Brötchenersatz – was für eine originelle und zugleich glutenfreie Burger-Variante! Die Knusperwaffeln passen auch dann immer gut, wenn man Reisreste weiterverwerten will. Fertig zubereitet kann man sie gut einfrieren.

FÜR 8 REISWAFFELN* (ERGIBT 4 BURGER)

160 g Basmatireis
1 TL feinkörniges Salz (5 g)
1 Sternanis (ganz), nach Geschmack
4 grüne Kardamomkapseln, nach Geschmack
1 Eiweiß (Alternative siehe unten bei Variationen)
1 TL Madras-Currypulver
1 EL Oliven-, Raps- oder Sesamöl

1. Das Reisvolumen in einer Tasse abmessen. Reis waschen und zusammen mit Salz, Sternanis und Kardamomkapseln in einen Topf geben (z. B. gusseiserner Schmortopf). Doppelt so viel warmes Wasser wie Reis dazugießen (jeweils zwei Tassen Wasser auf eine Tasse Reis).
2. Mit geschlossenem Deckel zum Kochen bringen und auf kleiner Flamme zehn Minuten sanft köcheln lassen. Vom Herd nehmen und zehn Minuten nachquellen lassen, bis der Reis weich ist, aber noch Biss hat.
3. Mögliches Restwasser abgießen, Sternanis und Kardamom aus dem Topf nehmen. Eiweiß, Curry und Öl zum Reis geben und gut umrühren.
4. Den Backofen auf 200 °C vorheizen. Mithilfe von kleinen, runden Backrahmen acht flache Reiswaffeln (jeweils etwa 60 g) formen.
5. Zehn Minuten backen und die Reiswaffeln mit einem breiten Pfannenwender umdrehen. Die andere Seite der Reiswaffeln ebenfalls fünf Minuten goldbraun backen, belegen und servieren.

Variationen

Wer es milder mag, verwendet Kurkuma oder Schabzigerklee anstelle von Curry.
Für Reiswaffeln in einem hübschen Rosarot 1 TL geräuchertes, edelsüßes Paprikapulver und 1 EL pürierte Rote Bete zum Reis geben.
Statt dem Eiweiß 1 EL Leinsamen mit 3 EL Wasser vermischen, 15 Minuten quellen lassen und unter den gekochten Reis mischen.

---

* Diese Waffeln sind nicht zu vergleichen mit den Fertigwaffeln, bei denen gepoppter Reis verwendet wird. Sie sind außen knusprig und innen weich.

Gemüse Burger

LINSEN-BURGER MIT BLUMENKOHL UND CASHEWKERNEN

Rote Linsen sind im Handumdrehen fertig gegart – das dauert nur wenig länger als eine Konservenbüchse aufzumachen. Während der kurzen Kochzeit bereitet man weitere ausgesuchte Zutaten für die Burger zu: Das Resultat sind vollwertige Bratlinge. Sollte von dem klein geraspelten Blumenkohl noch etwas übrig bleiben, können Sie die Reste wunderbar in einem Taboulé (Couscous-Salat) auftischen.

FÜR 6 BURGER

120 g rote Linsen, gekocht (entspricht 40–60 g Trockengewicht)
120 g Blumenkohl
½ rote oder gelbe Gemüsepaprika
60 g zarte Haferflocken
1 EL Cashew- oder Erdnussmus
2 EL Cashewnüsse, grob gehackt
1 TL Tomatenmark
1 Ei
Salz
schwarzer Pfeffer, frisch gemahlen
helles, ungeröstetes Sesamöl oder Olivenöl zum Braten

GARNITUR

Vegane Mayonnaise (Seite 60), knackige Salatblätter, Avocado- oder Tomatenscheiben und frischer Koriander nach Geschmack

1. Die Linsen in einem Sieb unter fließendem Wasser waschen und mit der dreifachen Menge Wasser in einen Topf geben. Aufkochen lassen und je nach gewünschter Bissfestigkeit etwa zehn Minuten bei milder Hitze sanft köcheln.
2. Den Blumenkohl von Blättern und Strunk befreien. In kleine Röschen teilen, passende Menge abwiegen. Die Röschen waschen, trocken tupfen und in Stücke schneiden. In einem Mixer zu einer grießartigen Masse zerkleinern. Die gewaschene und geputzte halbe Paprikaschote fein würfeln. Fünf Minuten bevor die Linsen gar sind, Blumenkohl und Paprikawürfel in den Topf dazugeben.
3. Das Gemüse in ein Sieb abgießen, abtropfen lassen und in eine Schüssel geben. Mit den Haferflocken vermischen und 30 Minuten ruhen lassen. Cashewmus, Cashewnüsse, Tomatenmark und Ei dazugeben und kräftig umrühren, salzen und pfeffern. Aus der Masse mit angefeuchteten Händen sechs flache Bratlinge formen.
4. Das Öl in einer Pfanne erhitzen und die Bratlinge von beiden Seiten bei mittlerer bis starker Hitze goldbraun anbraten.

Variationen

Auch die Joghurt-Sesam-Sauce, die Barbecue-Sauce (beide Seite 54) und ganz besonders die Avocado-Creme (Seite 56) passen gut zu diesem Burger.

rote-Bete-Burger MIT roten BOHNEN

*Wollen Sie sich und Ihre Gäste mit einem täuschend echten,
»blutigen« Hacksteak überraschen? Dieser vegetarische Burger aus Roter Bete und
roten Bohnen ist ein optischer Genuss – er muss sich aber
auch geschmacklich keinesfalls hinter der Fleischvariante verstecken!*

FÜr 6 Burger

240 g Kidneybohnen, gekocht
oder aus dem Glas (entspricht
80–120g Trockengewicht)
240 g Rote Bete, frisch oder
vorgegart
2 Knoblauchzehen
50 g Haferflocken
25 g Sonnenblumenkerne
1 Ei
Salz und schwarzer Pfeffer, frisch
gemahlen

Garnitur

Tomaten- und Gewürzgurken-
scheiben oder Mixed Pickles
(Seite 61), Ketchup (Seite 53)
und Kresse (auch Brunnen- oder
Daikonkresse*)

---

* *Daikonkresse stammt aus Japan und passt
gut zu Sandwiches, Fleisch, Fisch, Salaten oder
Miso-Gerichten. Bei uns ist sie gelegentlich in
Bioläden und Reformhäusern als Sprossensa-
men erhältlich.*

1. Am Vortag die getrockneten roten Bohnen über Nacht in Wasser einweichen. Dann die Bohnen je nach Größe und Alter 45–60 Minuten weich kochen (Garprobe machen) und abgießen.
2. Frische Rote Bete je nach Größe ebenfalls 45–60 Minuten kochen, schälen und in Stücke schneiden. Dabei evtl. Einmalhandschuhe verwenden, weil der Saft stark abfärbt.
3. Den Backofen auf 180°C vorheizen. Knoblauch schälen und fein hacken, mit Rote-Bete-Stücken, Bohnen, Haferflocken, Sonnenblumenkernen und Ei in einen Mixer geben.
4. Grob pürieren, sodass noch kleine Stücke erkennbar sind. Mit Salz und Pfeffer abschmecken. Die Bratlingsmasse auf sechs mit Öl gefettete Tortelett-Förmchen verteilen und 20 Minuten im Ofen backen.

Tipp

Wenn Sie die Bratlingsmischung etwa 30 Minuten ruhen lassen, weichen die Haferflocken und Sonnenblumenkerne ein. Dann brauchen Sie für die weitere Zubereitung keinen Mixer, sondern es genügt ein Pürierstab.

Variationen

Als Garnitur eignen sich auch die vegane Mayonnaise (Seite 60), eingelegte Zwiebeln und dünne Scheiben kräftiger Käse wie Bergkäse, Greyerzer oder Comté.

Burger mit weissen Bohnen, Nüssen & Parmesan

Bei der Zubereitung vegetarischer Burger sind weiße Bohnen eine beliebte Basiszutat. Man kann sie leicht mit der Gabel zu Püree verwandeln und sie schmecken angenehm mild. Nach Lust und Laune werden sie kombiniert und gewürzt – hier italienisch angehaucht mit Paprika, Olivenöl und Parmesan. Die gehackten Nüsse verleihen den Burgern Biss und Pfiff!

Für 6 Burger

250 g weiße Bohnen, gekocht
(entspricht 80–130 g Trockengewicht) oder aus dem Glas
(Abtropfgewicht 250 g)
½ rote oder süße Zwiebel*
½ rote Gemüsepaprika
2 Knoblauchzehen
1 EL Olivenöl
30 g Parmesan, gerieben
1 geh. TL scharfer Senf
2 EL Petersilie, gehackt
50 g Walnuss-/Baumnusskerne,
fein gehackt
Salz

Garnitur

Vegane Mayonnaise (Seite
60), bunte Tomatenscheiben,
eingelegte Paprikastreifen,
Schnittlauch

---

* *Süße Zwiebeln (Sweet Onions) stammen aus Südamerika; zunehmend gibt es sie auch bei uns. Sie sind hellgelb und schmecken deutlich milder und süßer als unsere Gemüsezwiebeln.*

1. Am Vortag die getrockneten weißen Bohnen über Nacht in ausreichend Wasser einweichen (die Flüssigkeit sollte zwei Fingerbreit über den Hülsenfrüchten stehen). Die Bohnen je nach Größe und Alter 60–90 Minuten weich kochen (Garprobe machen). Bohnen aus der Dose bei Bedarf kurz nachgaren.

2. Zwiebel schälen und klein schneiden. Paprika von Strunk, Kernen und weißen Trennwänden befreien und in kleine Würfel schneiden. Knoblauch schälen und klein hacken, mit Paprika- und Zwiebelstücken fünf Minuten in Olivenöl anschwitzen.

3. Die weißen Bohnen im Mixer oder mit einem Kartoffelstampfer zu einem stückigen Brei verarbeiten und mit Parmesan, Senf, Petersilie und Walnüssen vermischen. Salzen und das Paprikagemüse unterheben. Aus der Bratlingsmasse eine Kugel formen und mindestens 30 Minuten in den Kühlschrank stellen.

4. Backofen auf 180 °C vorheizen. Mit angefeuchteten Händen sechs flache Gemüseburger formen und 20–25 Minuten backen oder in einer heißen Pfanne von jeder Seite ca. sechs Minuten in Öl anbraten. Erst wenden, wenn die untere Seite goldbraun gebraten ist.

Tipp

Gemüseburger direkt mit den ausgewählten Brötchen backen.

Variationen

Die Burger schmecken auch mit folgenden Saucen: Kresse-Creme (Seite 57), Joghurt-Sesam-Sauce (Seite 54), Zucchini-Püree oder Champignon-Tatar (beide Seite 58).

Seitan-Burger nach provenzalischer Art

Seitan ist ein weiteres ideales Ausgangsprodukt für vegetarische Burger. Es besteht aus Weizen- oder Dinkeleiweiß und besitzt eine fleischähnliche Konsistenz. Auch der Geschmack ist »umami«, was aus dem Japanischen mit »herzhaft, fleischig, wohlschmeckend« übersetzt wird (siehe auch Seite 4). Jetzt fehlen noch Tomaten, Kapern, Basilikum, Knoblauch, Olivenöl – und man fühlt sich fast wie am Mittelmeer.

Für 6 Burger

400 g Dinkel-Seitan
1 EL Kapern
4 getrocknete, in Olivenöl
eingelegte Tomaten
3 Knoblauchzehen
1 kleine Tomate
3 Scheiben Knäckebrot
etwa 15 frische Basilikumblätter
Salz
schwarzer Pfeffer, frisch
gemahlen

Garnitur

Zucchini-Püree, Rucola oder
andere Salatblätter, Tomatenscheiben, rote Zwiebelringe und
Basilikum

1. Seitan abtropfen lassen und in Stücke schneiden. Kapern und eingelegte Tomaten abtropfen lassen. Die Knoblauchzehen schälen und fein hacken.
2. Die Tomate waschen, vom Strunk befreien und klein schneiden. Das Knäckebrot in Stücke brechen. Den Backofen auf 180 °C vorheizen. Sämtliche Zutaten im Mixer zu einer gleichmäßigen Masse zerkleinern.
3. Die Bratlingsmasse auf sechs mit Öl gefettete Tortelett-Förmchen verteilen, glatt streichen und 20 Minuten im Ofen backen.

Tipp

Statt im Backofen können Sie die Gemüseburger auch mit den Händen formen und in einer Pfanne mit etwas Bratöl von beiden Seiten kräftig anbraten.

Variationen

Zu diesen Burgern passen auch der Champignon-Tatar (Seite 58) oder eine vegane Tapenade*.

---

* *Die Tapenade ist ein Brotaufstrich und Dip aus Südfrankreich; sie besteht im Original aus schwarzen Oliven, Kapern, Sardellen, Olivenöl und Gewürzen.*

TEMPEH-BURGER

Tempeh stammt aus Indonesien und besteht aus ganzen Sojabohnen, was ihm sein spezielles Aussehen verleiht. Die schnittfeste Masse lässt sich marinieren, braten, backen, frittieren und eignet sich bestens für süß-salzige und rein pflanzliche Burger. Wir schätzen an diesem Rezept vor allem den vielschichtigen Geschmack des Sojas, der durch den süßen Reissirup, das mild-aromatische Kokosnussöl und den knusprigen Leinsamen abgerundet wird.

Für 6 Burger

2 EL helle Leinsamen
6 EL pflanzliche Milch
340 g frisches Tempeh »natur«
(in gut sortierten Bioläden und
Reformhäusern erhältlich)
2 TL Tomatenmark
2 TL Miso-Paste*
2 TL Reis- oder Agavensirup
2 EL natives Kokosnussöl
etwas Öl zum Braten

Garnitur

Barbecue-Sauce (Seite 54) oder
Ketchup (Seite 53), Ananas und
Kresse (auch Brunnen- oder
Daikonkresse, siehe Seite 27)

1. Leinsamen 30 Minuten in der Milch einweichen. Tempeh entweder fein hacken oder mit einer Gabel zerdrücken. Mit den restlichen Zutaten gründlich vermischen.
2. Die Masse in sechs gleich große Portionen aufteilen und mit angefeuchteten Händen jeweils zu flachen Bratlingen formen. In einer heißen Pfanne mit etwas Bratöl bei mittlerer bis starker Hitze von beiden Seiten knusprig anbraten.

Variation

Anstelle der Ananas schmecken auch Avocadoscheiben zu diesem Burger.
Statt Kokosöl schmecken die Tempeh-Burger auch mit Sesamöl.

---

* Miso ist eine Sojabohnenpaste, die meist mit Getreide (Reis, Gerste oder Weizen), Salz und einer Fermentationskultur in Fässern bis zu zwei Jahre lang vergoren wird. Die würzig-salzige und nährstoffreiche Paste ist in Reformhäusern und Asia-Läden erhältlich.*

Kichererbsen-Burger mit frischen Kräutern

In Südfrankreich isst man frittierte Kichererbsen-Stäbchen wie Pommes frites aus der Tüte – die sogenannten Panisses. Sie werden in diesem Rezept als Burger zubereitet und mit Kräutern und Knoblauch kräftig gewürzt. Die wertvollen Kichererbsen bestehen zu etwa 20 % aus Eiweiß und sind damit für Vegetarier eine wichtige Proteinquelle. Zudem enthalten sie neben Kohlenhydraten und Ballaststoffen auch viel Kalzium, Eisen, Magnesium und Zink.

Für 6 Burger

½–2 Knoblauchzehen, fein geschnitten
10 Stängel Kerbelgrün, gehackt
5 Stängel Koriandergrün, gehackt
2 EL Kürbiskerne, grob gehackt
1 EL Sesamsamen
1 TL Olivenöl
bunter Pfeffer, frisch gemahlen
150 g Kichererbsenmehl
½ TL Salz
300 ml kaltes Wasser
Bratöl

Garnitur

Rucola, Tomatenscheiben und Zucchini-Püree (Seite 58); Varianten sind Ketchup (Seite 53), Joghurt-Sesam-Sauce (Seite 54) oder Tapenade (Seite 31)

1. Knoblauch, Kerbel, Koriander, Kürbiskerne, Sesam, Olivenöl und Pfeffer gründlich vermischen und beiseitestellen.
2. In einer Schüssel das Kichererbsenmehl mit Salz vermengen. Nach und nach das Wasser dazugießen und dabei mit dem Schneebesen kräftig rühren. Falls sich Klümpchen bilden, mit einem Pürierstab glatt rühren.
3. Bei mittlerer Hitze zum Kochen bringen und dabei ständig mit einem hitzebeständigen Teigschaber rühren. Fünf bis acht Minuten unter ständigem Rühren kochen lassen, bis der Teig recht fest geworden ist und die Konsistenz von Brandteig hat. Vom Herd nehmen, Kräutermischung dazugeben und noch ein bis zwei Minuten weiterrühren.
4. Den Teig in eine geölte Kastenform füllen. Oben glatt streichen und mindestens drei Stunden in den Kühlschrank stellen. Aus der Form stürzen und in etwa 1 ½ cm dicke Scheiben schneiden. Für runde Burger mithilfe eines Glases oder einer Ausstechform Kreise ausstechen, mit Küchenpapier abtupfen. Die Burger in einer Pfanne mit Bratöl bei starker bis mittlerer Hitze von beiden Seiten jeweils vier bis fünf Minuten goldbraun braten.

Tipps

Kichererbsenteig lässt sich bis zu zwei Tage im Kühlschrank aufbewahren. Für runde Burger formen Sie den Teig zur Rolle: Auf ein Stück Klarsichtfolie legen und vorsichtig einrollen. Dann nach dem Kühlen wieder leicht aufwärmen, Folie entfernen und in Scheiben schneiden.

Falafel-Burger

Ich liebe die arabischen Kichererbsenbällchen, Falafel genannt – deswegen ist für mich ein Gemüseburger mit dem typischen Geschmack ein Hochgenuss. Dabei sind Zwiebeln, Koriander und Kreuzkümmel natürlich ein Muss, der eigentliche Clou des Rezepts sind jedoch die frischen Erbsen. Der knackig grüne Burger lässt sich mit allerlei farbenfroher Frischkost kombinieren, am liebsten mit den hübschen gelben Kurkuma-Brötchen (Seite 18).

FÜR 6 BURGER

200 g Kichererbsen, gekocht (entspricht 70–100 g Trockengewicht) oder aus dem Glas (Abtropfgewicht 200 g)
250 g Erbsen (frisch oder TK); alternativ: Edamame oder Dicke Bohnen
50 g Kichererbsenmehl
1 Frühlingszwiebel
5 Stängel Koriander
1 TL Kreuzkümmelpulver oder Zatar (s. Fußnote)
1 TL Salz
4 EL helles, ungeröstetes Sesamöl

GARNITUR

Joghurt-Sesam-Sauce (Seite 54) oder Lauchzwiebel-Minz-Pesto (Seite 60), grüner Salat, Tomaten- und Gurkenstücke, Zwiebelwürfel und frische Pfefferminze, Koriandergrün

1. Getrocknete Kichererbsen am Vortag waschen. Mit der doppelten Menge an heißem Wasser übergießen, sodass sie bedeckt sind und über Nacht einweichen lassen. Einweichwasser abgießen und in frischem Wasser etwa eine Stunde gar kochen.

2. Trockenbohnen ebenfalls über Nacht in Wasser einweichen, dann je nach Größe und Alter 60–90 Minuten weich kochen (Garprobe machen). Frische Erbsen aus den Hülsen palen und wenige Minuten in Salzwasser gar kochen. Abgießen, kalt abschrecken und abtropfen lassen.

3. Die Bohnen oder Erbsen mit Kichererbsen, Mehl, der in dünne Scheiben geschnittenen Zwiebel, Koriander, Kreuzkümmel (oder Zatar*) und Salz pürieren. Aus der Masse mit angefeuchteten Händen sechs flache Gemüseburger formen.

4. 2 Esslöffel Sesamöl in einer Pfanne erhitzen und drei Burger bei mittlerer bis starker Hitze von beiden Seiten kross anbraten. Auf Küchenpapier abtropfen lassen und die übrigen Burger im restlichen Öl braten.

Variation

Mit diesem Falafel-Burger plus Garnitur lässt sich auch frisches Pitabrot köstlich befüllen.

---

* *Diese Gewürzmischung wird in in der arabischen Küche gern mit Öl vermischt und vor dem Backen auf Fladenbrot gestrichen. Bestandteile sind Gewürzsumach, Sesam, Salz und Zatarkraut (meist Arabischer Majoran, Arabischer Oregano und/oder eine Thymian-Art).*

auBerGINen-BurGer

Bei diesem Burger dreht sich alles um den köstlichen Mittelpunkt: eine Auberginenscheibe, die außen knusprig und innen ganz zart ist. Neben der verwendeten Joghurt-Sesam-Sauce sind Hummus* oder ein Püree aus weißen Bohnen perfekte Ergänzungen. Die verschiedenen Konsistenzen dieses Burgers (zart, knackig, cremig) machen den besonderen Reiz aus.

Für 6 BurGer

1–2 große Auberginen
etwas Olivenöl
Oregano
Salz
4 EL Reis-, Weizen- oder
Dinkelmehl
2 Eiweiß
1 TL edelsüßes Paprikapulver
etwa 10 EL Haferflocken
Bratöl

GarNITur

Joghurt-Sesam-Sauce (Seite 54),
Rucola, Cocktailtomaten, Oliven

1. Den Backofen auf 200 °C vorheizen. Die Auberginen waschen, vom Strunk befreien und quer in 1 cm dicke, runde Scheiben schneiden. Die Scheiben auf einer Seite mit einem scharfen Messer gitterartig einritzen. Rundum mit etwas Olivenöl bestreichen, mit Oregano und Salz bestreuen und mit der eingeritzten Seite nach oben in einer Auflaufform 20 Minuten im Ofen backen. Wenden und weitere zehn Minuten garen.
2. Auberginen abkühlen lassen. Das Mehl, das mit einer Gabel leicht verquirlte Eiweiß und die mit dem Paprikapulver vermischten Haferflocken jeweils auf drei tiefe Teller verteilen.
3. Die Auberginenscheiben erst durch Mehl, dann durch Eiweiß und schließlich durch Haferflocken ziehen. Die panierten Auberginen in einer heißen Pfanne mit Bratöl von beiden Seiten jeweils etwa eine Minute goldbraun braten. Auf Küchenkrepp abtropfen lassen.

Tipp

Die panierten Burger können auch im Backofen fertig gegart werden: bei 200 °C auf beiden Seiten jeweils fünf Minuten backen. Dabei achtgeben, dass nichts anbrennt.

Variationen

Für glutenfreie Burger die Haferflocken durch Quinoa, gepufften Amarant oder zerstoßene Cornflakes ersetzen.
Zu den Auberginen-Burgern passen auch Zucchini-Püree (Seite 58), Zaziki mit Minze, Champignon-Tatar (Seite 58), Zwiebel-Chutney oder rote, in dünne Scheiben geschnittene Zwiebeln.

---

* Hummus ist eine orientalische Paste aus Kichererbsen. Diese werden gekocht und mit Sesammus (Tahin), Knoblauch, Olivenöl, Zitronensaft und Gewürzen wie Kreuzkümmel, Koriander und Paprikapulver püriert – köstlich als Brotaufstrich und Dip.

Sellerie-Burger mit Teriyaki-Sauce

Da Knollensellerie nicht nur gerieben oder als Püree gegessen werden kann, machen wir uns hier seine passende Größe und seine angenehm feste Konsistenz zunutze und schneiden ihn in dicke Scheiben. Diese lassen sich sehr gut braten und in der herzhaft-süßen japanischen Teriyaki-Sauce wunderbar marinieren.

Für 6 Burger

1 Sellerieknolle
1 TL dunkles Sesamöl
1 TL Sesamsamen
100 ml Sojasauce
100 ml Mirin (japanischer
süßer Reiswein, erhältlich
in Asia-Läden)
1 Blutorange, Saft
1 EL Rohrohr-, Kokosblüten-
oder Palmzucker
1 TL Ingwer, frisch gerieben

Garnitur

Vegane Mayonnaise (Seite 60),
klein gehobelter Weißkohl und
Radieschenstifte

1. Den Sellerie schälen und putzen. In dicke Scheiben (1–1,5 cm) schneiden und acht bis zwölf Minuten in Wasserdampf oder kochendem Wasser garen.
2. Für die Teriyaki-Sauce* das Sesamöl in einem Topf sanft erhitzen und die Sesamsamen kurz darin anrösten. Sojasauce, Mirin, Orangensaft, Zucker und geriebenen Ingwer untermengen.
3. Die Sauce aufkochen und bei sanfter Hitze je nach gewünschter Konsistenz fünf bis acht Minuten köcheln lassen, dabei gelegentlich umrühren. Den Ofengrill vorheizen. Die Teriyaki-Sauce durch ein Sieb gießen, Sauce auffangen. Wer möchte, kann die Sesamsamen für die Masse eines anderen Gemüseburgers weiterverwenden.
4. Die Selleriescheiben trocken tupfen, in eine Auflaufform legen und reichlich mit Teriyaki-Sauce bestreichen. Von beiden Seiten jeweils vier bis fünf Minuten im Ofen grillen, dabei immer wieder etwas Sauce über die Scheiben gießen.

Variationen

Weitere passende Garnituren sind Kresse-Creme (Seite 57), roher, in dünne Scheiben geschnittener Staudensellerie, Eisbergsalat, filetierte Orangenscheiben oder mit einer Schere zerkleinerte Nori-Algen.

---

* Teriyaki ist eine japanische Zubereitungsart für Fisch, Fleisch und Gemüse. Die Zutaten werden zuerst mariniert und dann gegrillt, geschmort oder gebraten. Die Teriyaki-Sauce als Marinade verleiht Aroma, Zartheit und appetitlichen Glanz.

TOFU-ZUCCHINI-BURGER NACH ORIENTALISCHER ART

Die anfängliche Idee für diesen Burger war, die gleichen Gewürze wie für einen traditionellen orientalischen »Döner Kebab« zu verwenden; auch Kardamom und Zimt haben wir hinzugefügt. Zusammen mit weiteren Zutaten wie Tofu, Zucchini, Bulgur und Tomaten ist dann diese ganz eigene Kreation entstanden.

FÜR 6 BURGER

150 g Zucchini
1 kleine Zwiebel
1 Knoblauchzehe
10 Stängel Koriander
250 g Tofu
2 Tomaten
1 EL Olivenöl
1 Kardamomkapsel
Salz
60 g Bulgur aus Vollkorn-Hartweizen (mittlere Körnung)
¼ TL Kreuzkümmelpulver
2 Prisen Zimt
Piment- oder Chilipulver, nach Geschmack
1 Ei

GARNITUR

Joghurt-Sesam-Sauce (Seite 54) oder vegane Mayonnaise (Seite 60), grüner Salat, Tomatenscheiben, rote Zwiebelringe, Gewürzgurken oder Mixed Pickles (Seite 61) und Ketchup (Seite 53)

1. Die Zucchini waschen, putzen und grob raspeln. Zwiebel und Knoblauch schälen und fein schneiden, Koriandergrün fein hacken. Tofu in Würfel schneiden und mit einer Gabel zerdrücken. Tomaten am Blütenansatz kreuzweise einschneiden, mit kochendem Wasser überbrühen, abschrecken und häuten. Strunk und Kerne entfernen und das Tomatenfleisch in kleine Würfel schneiden.

2. Knoblauch und Zwiebel in Olivenöl anschwitzen. Kardamom und Zucchini dazugeben, salzen und etwa fünf Minuten goldbraun braten, bis die Flüssigkeit verdunstet ist. Den Backofen auf 180 °C vorheizen.

3. Bulgur und Tomatenstücke unter die Zucchini mischen und weitere drei Minuten köcheln lassen. Die Pfanne vom Herd nehmen und Koriander, Tofu, Kreuzkümmel, Zimt und Piment sowie das Ei untermischen. Kardamom entfernen.

4. Mithilfe von kleinen, runden Backrahmen oder gefetteten Tortelett-Förmchen sechs Gemüseburger formen. Auf ein Backblech legen und 15 Minuten im Ofen backen.

Variationen

Als weitere Garnitur passen Hartkäsescheiben. Das Zucchini-Püree (Seite 58) verstärkt das Gemüsearoma; das Lauchzwiebel-Minz-Pesto (Seite 60) bringt eine weitere spannende Geschmacksnote ins Spiel.

räuchertofu-burger mit algen

Bitte blättern Sie bei dem Wort »Algen« nicht gleich weiter! Gut zubereitet schmecken sie überaus köstlich – und Ihre Küche verwandelt sich deswegen auch nicht gleich in ein Aquarium. Mit einem guten Algen-Tatar wird ein einfacher Räuchertofu zu einem deliziösen und exotischen Burger, der Ihnen die Seeluft um die Nase wehen lässt.

Für 6 Burger

3 Schalotten
1 EL Olivenöl
300 g Räuchertofu
1 Ei
2 EL Haferflocken
Salz
2 geh. EL Algen-Tatar*
Paniermehl oder Semmelbrösel, nach Geschmack
Bratöl

Garnitur

Avocado-Creme mit Algen (Seite 56), Gurkenscheiben oder -salat

1. Die Schalotten schälen und klein schneiden, fünf Minuten im Olivenöl anschwitzen. Den Räuchertofu mit Ei und Haferflocken im Mixer pürieren.
2. Salz, Algen-Tatar und Schalotten untermischen. Aus der Masse eine Kugel formen. Mindestens 30 Minuten in den Kühlschrank stellen.
3. Mit angefeuchteten Händen sechs flache Bratlinge formen, im Paniermehl wälzen und in der heißen Pfanne in etwas Bratöl von beiden Seiten goldgelb braten. Dabei erst wenden, wenn die untere Seite knusprig gebraten ist.

---

* *Algen-Tatar findet man in gut sortierten Bioläden im Kühlregal, in den Feinkostabteilungen oder beim Fischhändler. Es besteht vor allem aus verschiedenen Speisealgen (z. B. Nori, Dulse, Meersalat), Öl und Gewürzen.*

Portobello-Burger

In den USA werden braune Champignons in der Größe XXL unter dem wohlklingenden Namen »Portobello« gehandelt. Sie werden leicht mariniert, anschließend gegrillt und sind als Belag von vegetarischen Burgern sehr beliebt. Teilweise ersetzen die großen Hüte sogar das Brötchen. Auch wenn unsere Champignons kleiner sind, schmecken sie doch genauso gut: Man packt einfach gleich drei davon aufs Brötchen – und fertig ist der Portobello-Burger!

FÜR 6 BURGER

18 große, braune Champignons
3 EL Sojasauce
2 EL Olivenöl
1 EL Zitronensaft

GARNITUR

Joghurt-Sesam-Sauce (Seite 54),
Avocadoscheiben, frische oder
eingelegte rote Zwiebeln, Kerbel

1. Die Champignons mit einem sauberen Geschirrtuch oder einem Küchenmesser putzen. Die Stiele ganz abschneiden und beispielsweise für eine Suppe oder ein Champignon-Tatar (Seite 58) weiterverwenden. Die Pilze auf der Hutseite gitterförmig einritzen.

2. In einer großen, flachen Schüssel, in der alle Pilze nebeneinander Platz haben, Sojasauce, Olivenöl und Zitronensaft mit einem Schneebesen vermischen. Die Champignons mit der eingeritzten Seite nach unten hineinlegen und zehn Minuten marinieren. Wenden und weitere zehn Minuten ziehen lassen.

3. Eine gusseiserne Grillpfanne auf mittlere Temperatur erhitzen. Die Champignons vier bis fünf Minuten auf der Hutseite anbraten, wenden und unter ständiger Aufsicht in etwa drei Minuten fertig braten. Jeweils drei Champignons kreisförmig auf einem Brötchen anordnen.

Variationen

Für eine nussig-fruchtige Geschmacksnote die Sojasauce durch Sherry-Essig ersetzen und zusätzlich etwas Salz zur Marinade geben. Weitere passende Saucen für den Portobello-Burger sind die Avocado-Creme mit Algen (Seite 56) und die pikant gewürzte, grüne Kresse-Creme (Seite 57). Als Ergänzungen schmecken gewürfelter Räuchertofu, eingelegte Paprikaschoten und Gemüsesprossen.

KÜRBIS-BURGER MIT CHEDDARKÄSE

Gemüseburger sind schön weich und saftig – und bieten eine unendliche Geschmacksvielfalt. In diesem Rezept ergeben gebackene Kürbisspalten ein wunderbar cremiges Püree, das sich mit Käse und Semmelbröseln gut zu Bratlingen formen lässt.

FÜR 6 BURGER

500 g Hokkaidokürbis (etwa ½ mittelgroßer Kürbis)
½ rote Zwiebel
1 Knoblauchzehe
1 TL Gomasio (Sesamsalz)
schwarzer Pfeffer, frisch gemahlen
Olivenöl
100 g Cheddar oder anderer Hartkäse (Bergkäse, Comté, Tomme de Brebis)
70 g Semmelbrösel oder Paniermehl
3 EL frische Kräuter (z. B. Petersilie, Koriander, Kerbel)

GARNITUR

Champignon-Tatar (Seite 58), Rosinen nach Geschmack, Rucola oder Blattsalat, vegane Mayonnaise (Seite 60) oder Joghurt-Sesam-Sauce (Seite 54), frisches Koriandergrün

1. Den Backofen auf 180 °C vorheizen. Die Kürbisschale unter fließendem Wasser gründlich abreiben, den Kürbis vierteln und mithilfe eines Esslöffels die Kerne herausschaben. Die gewünschte Menge abwiegen. Mit einem großen Messer den Kürbis mitsamt Schale in dünne Halbmonde schneiden.
2. Zwiebel schälen und klein schneiden, Knoblauch schälen und fein hacken. Beides mit den Kürbisstücken auf einem mit Backpapier ausgelegten Backblech verteilen. Mit Gomasio und Pfeffer würzen und großzügig mit Olivenöl beträufeln.
3. Etwa 40 Minuten backen, Kürbisstücke nach 20 Minuten wenden.
4. Den Backofen nicht ausschalten. Den Kürbis in einer Schüssel mit dem geriebenen Käse, den Semmelbröseln und fein gehackten Kräutern vermischen. Die Kürbisstücke dabei mit einem Kartoffelstampfer zerdrücken.
5. Aus der Masse mit angefeuchteten Händen sechs flache Gemüseburger formen. Auf ein mit Backpapier ausgelegtes Backblech legen und zehn Minuten im Ofen backen.

Tipp

Sie können auch kleine, runde Backrahmen verwenden und das Püree darin mit einem Esslöffel glatt streichen.

Variation

Anstelle von Rucola die Gemüseburger mit dünn geschnittenem Chicorée und klein gehackten Walnüssen/Baumnüssen belegen.

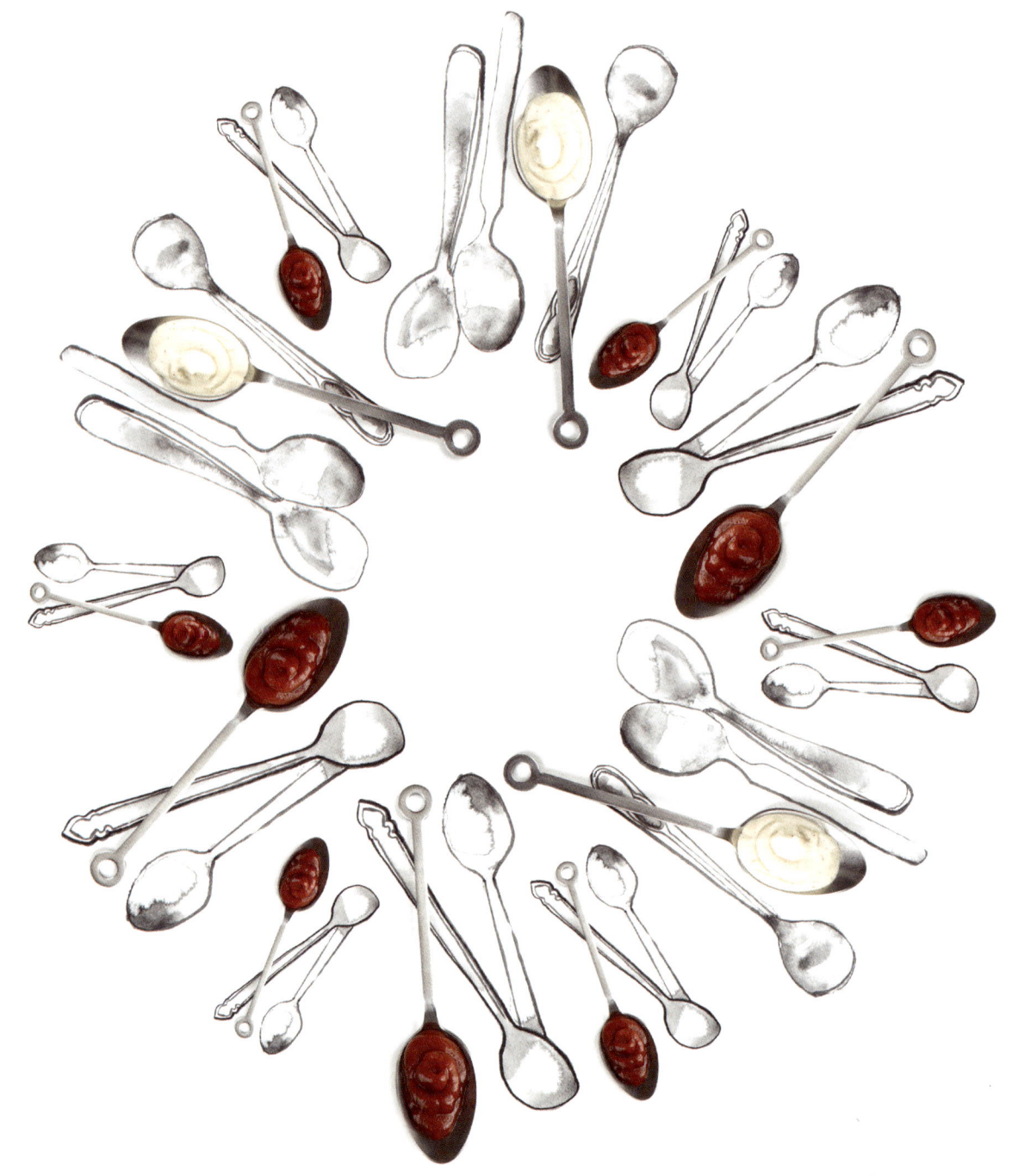

Saucen & Beilagen

TOMATENKETCHUP

VEGANAISE (SEITE 60)

TOMATENKETCHUP

Diesen Ketchup können Sie ganz einfach selbst machen: Tomaten in den Ofen, abwarten und mit den anderen Zutaten pürieren – fertig! Die Zubereitungszeit beträgt nicht einmal zehn Minuten, der Erfolg bei Familie und Gästen ist Ihnen gewiss!

Für 1 grosses Einmachglas (ca. 700 ml)

800 g reife Tomaten
feinkörniges Salz
2 EL Olivenöl
3 Knoblauchzehen
1 Stück frischer Ingwer
(ca. 1–2 cm), nach Geschmack
(siehe Variationen)
2 EL Sojasauce
3 EL naturtrüber Apfelessig
2 EL Reis- oder Agavensirup

1. Den Backofen auf 200 °C vorheizen. Die Tomaten waschen und halbieren. Mit der Schnittfläche nach oben auf einem Backblech mit hohem Rand (Fettpfanne) verteilen. Mit Salz bestreuen und mit Olivenöl beträufeln, etwa eine Stunde im Backofen garen.
2. Die Tomaten zusammen mit den geschälten, fein geschnittenen Knoblauchzehen, dem geschälten und fein gehackten Ingwer, Sojasauce, Essig und Reissirup in einen Standmixer geben. Pürieren, bis eine gleichmäßige Konsistenz erreicht ist.
3. Luftdicht abgefüllt ist der Ketchup bis zu zwei Wochen im Kühlschrank haltbar.

Tipps
Wenn Sie die gebackenen Tomaten häuten, genügt ein Pürierstab anstelle eines leistungsfähigen Mixers. Für eine längere Haltbarkeit den Ketchup einfrieren oder nochmals erhitzen und heiß in sterilisierte Schraubgläser luftdicht abfüllen.

Variationen
Wer Ingwer nicht mag, würzt den Ketchup mit Thymian, Rosmarin, edelsüßem Paprikapulver oder mit Curry und Chili nach Geschmack.

JOGHURT-SESAM-SAUCE

Diese einfache, schnell zubereitete Sauce passt bestens zu Gemüseburgern nach orientalischer Art, mit Kichererbsen, roten Linsen, Kreuzkümmel, Koriander oder Zatar.

FÜR 4–6 BURGER

1 geh. EL Tahin* · 125 g Joghurt aus Schafs- oder Sojamilch · 1 TL Zatar (siehe Seite 37) oder Kreuz- kümmelpulver · ½ TL Sojasauce · Salz und weißer Pfeffer, frisch gemahlen, nach Geschmack

Alle Zutaten mit einer Gabel verquirlen. Die Sauce ist im Kühlschrank etwa vier Tage haltbar.

* Tahin ist Sesammus aus gerösteten, geschälten und/oder ungeschälten Sesamsamen. Es ist in Bioläden, Reformhäusern und gut sortierten Supermärkten erhältlich.

Barbecue-Sauce

Aus Ketchup, selbst gemacht (Seite 53) oder gekauft, lässt sich diese köstliche Barbecue-Sauce zubereiten. Ihre Konsistenz ist schön sämig; der Geschmack ist süßsauer und würzig-aromatisch.

FÜR 1 EINMACHGLAS (ca. 250 ML)

250 ml Ketchup · 1 geh. EL Zuckerrohrmelasse (in Bioläden und Reformhäusern erhältlich)
2 EL Rohrohrzucker · 2 EL naturtrüber Apfelessig · 1 TL edelsüßes Paprikapulver
1 TL Kurkumapulver · 1 TL Kreuzkümmelpulver · Salz · schwarzer Pfeffer, frisch gemahlen

Alle Zutaten in einen Topf geben. Zunächst auf mittlerer, dann auf kleiner Flamme etwa 30 Minuten bei offenem Topf eindicken lassen, bis die Sauce schön sämig ist. In ein sterilisiertes Einmachglas abfüllen, abkühlen lassen und im Kühlschrank aufbewahren.

JOGHURT-SeSaM-Sauce

Barbecue-Sauce

avocado-creme mit algen

Es muss nicht immer Guacamole sein! Mit dieser leicht jodhaltigen, rein pflanzlichen Creme verleihen wir unseren Gemüseburgern eine zarte japanische Note – mit Meeresbrise.

Für 4–6 Burger

1–2 Nori-Algen-Blätter
(siehe Tipp)
2 reife Avocados
1 unbehandelte Bio-Zitrone
1 geh. EL Sesamsamen
3 TL Sojasauce
1 Prise Chilipulver oder Piment
d'Espelette*
Salz nach Geschmack

Garnitur

geschälte Sesamsamen, in feine
Streifen geschnittene Nori-Blätter

1. Die Nori-Algen mit einer Schere grob zerschneiden und im Standmixer fein hacken. Avocados entkernen und das Fruchtfleisch mithilfe eines Esslöffels herauslösen. Das Avocadofleisch zu den Algen geben und kurz pürieren.
2. Die Zitrone auspressen und die halbe Zitronenschale abreiben. Beides zusammen mit Sesam, Sojasauce und Chili zur Avocadocreme geben. So lange pürieren, bis die gewünschte Konsistenz (glatt oder noch mit Biss) erreicht ist. Mit Salz abschmecken.
3. Die Creme lässt sich in einem luftdicht verschlossenen Behälter einen Tag im Kühlschrank aufbewahren.

Tipp

Anstelle von Nori-Blättern können Sie auch 2 EL Algenflocken oder Algen-Tatar (siehe Seite 45) verwenden. Nori-Blätter und Algenflocken sind in Asialäden, Reformhäusern oder Bioläden erhältlich.

---

* *Piment d'Espelette ist ein Gewürz aus einer besonders aromatischen Chili-Sorte (»Gorria«). Die Gewürzpaprikas werden hauptsächlich rund um die französische Stadt Espelette angebaut. Man findet Piment d'Espelette beim Gewürzhändler oder in Online-Shops.*

kresse-creme

Mischt man Kresse mit Wasabi und Artischocke, kommt dabei eine zartgrüne, pikante, rein pflanzliche Creme heraus. Mit Ricotta wird das Ganze noch schön sahnig. Die Creme lässt sich auch wunderbar als Dip für Zwiebelringe (Seite 67) und Kartoffelspalten (Seite 62) verwenden.

für 4–6 Burger

1 Schachtel Kresse (auch Brunnen- oder Daikonkresse, siehe Seite 27) · 2 eingelegte Artischockenböden aus dem Glas · 150 g Schafsmilch-Ricotta · 1 EL Olivenöl · 1 TL Wasabipulver oder -paste · ¼ Zitrone, Saft · Salz · schwarzer Pfeffer, frisch gemahlen

Die gewaschene und trocken getupfte Kresse mit den abgetropften Artischockenböden pürieren. Ricotta, Olivenöl, Wasabi und Zitronensaft dazugeben. Kurz mit dem Pürierstab vermischen und mit Salz und Pfeffer abschmecken.

avocado-creme mit algen

CHAMPIGNON-Tatar

Rohe Champignons schmecken köstlich und »umami« (siehe Seite 4). Mit den Walnüssen zusammen verleihen sie diesem Tatar eine kräftige, herbstliche Note. Reichlich Zitronensaft über den Pilzen verhindert eine Verfärbung und garantiert den vollen Geschmack.

Für 4–6 Burger

200 g Champignons · 2–3 EL Zitronensaft nach Geschmack · 50 g Walnuss-/Baumnusskerne, gehackt
¼ Knoblauchzehe · 1 EL Ziegen- oder Schafsmilch-Quark · 1 TL Gomasio (Sesamsalz) · schwarzer
Pfeffer, frisch gemahlen

1. Die Champignons mit einem feuchten Tuch abreiben, den unteren Teil der Stiele abschneiden. Die Pilze in dünne Scheiben schneiden und mit einem Messer oder einem Wiegemesser klein hacken.
2. Den Zitronensaft, die gehackten Walnüsse und den geschälten, klein geschnittenen Knoblauch dazugeben und alles gründlich vermischen.
3. Den Quark unterheben und mit Sesamsalz und Pfeffer abschmecken.

ZUCCHINI-Püree

Wenn die Zucchini im Hochsommer schön zart sind, muss man sie nicht einmal kochen, um diesen feinen Aufstrich daraus zu zaubern.

Für 4–6 Burger

2 Zucchini · 2 Prisen Salz · ½ Zitrone, Saft · 1 kleine Lauchzwiebel · ½ Knoblauchzehe · ¼ Bund Kerbel
ca. 15 Basilikumblätter · ca. 5 Schnittlauchhalme · 2 EL weißes Mandelmus · Salz · Pfeffer, frisch gemahlen

1. Zucchini grob hacken, mit Salz bestreuen und mit Zitronensaft beträufeln. 30 Minuten ziehen lassen, dann abtropfen lassen. Lauchzwiebel grob hacken, Knoblauch schälen und fein hacken. Kerbel, Basilikum und Schnittlauch waschen, trocken tupfen und klein schneiden.
2. Alle Zutaten pürieren, mit Salz, Pfeffer und Zitronensaft abschmecken.

CHAMPIGNON-TATAR

ZUCCHINI-PÜREE

LAUCHZWIEBEL-MINZ-PESTO

Kräftige Würze durch die Lauchzwiebeln, etwas Pep dank der Minze und eine knackige Konsistenz wegen der Mandeln: Dieses Pesto verleiht zarten Gemüseburgern das gewisse Etwas.

FÜR 4–6 BURGER

10 Lauchzwiebeln · 60 g ungeschälte Mandeln · ½ Bund frische Pfefferminze · 1 Knoblauchzehe
80 ml Olivenöl · 2 TL Zitronensaft, frisch gepresst · Salz und schwarzer Pfeffer, frisch gemahlen

1. Die Lauchzwiebeln waschen, putzen und mitsamt den grünen Stängeln klein hacken. Die Hälfte davon in einer Pfanne mit etwas Öl anschwitzen, danach beiseitestellen. In der noch heißen Pfanne die Mandeln rösten.
2. Die Mandeln mit den gegarten und den rohen Lauchzwiebeln, der Minze, dem geschälten und klein geschnittenen Knoblauch, Olivenöl und Zitronensaft im Mixer pürieren, bis die gewünschte Konsistenz erreicht ist. Mit Salz und Pfeffer abschmecken. Bei Bedarf noch etwas Wasser dazugießen.

VEGANE MAYONNAISE (VEGANAISE)

Unsere Veganaise sieht der klassischen Mayonnaise täuschend ähnlich: kinderleicht zuzubereiten und lecker. Für Burger und Sandwiches ist ihre cremige Konsistenz eine gute Basis.

FÜR 4–6 BURGER

½ Knoblauchzehe · 200 g Seidentofu · 1 TL Kurkumapulver, nach Geschmack · 2 TL Senf
2 EL Olivenöl · 1 TL naturtrüber Apfelessig · Salz · weißer Pfeffer, frisch gemahlen

Den geschälten und fein geschnittenen Knoblauch zusammen mit dem Seidentofu, Kurkumapulver, Senf, Olivenöl und Apfelessig mit einem elektrischen Handrührgerät cremig verrühren. Nach Belieben mit Salz und Pfeffer abschmecken.

MIXED PICKLES »express«

*Wie wäre es, Burger und Sandwiches statt mit den üblichen Gewürzgurken mit selbst ge-
machten »Mixed Pickles« zu veredeln? Dazu muss man keinesfalls stundenlang in der Küche
stehen – es genügen ein paar Minuten Arbeitszeit und etwas Geduld.*

FÜR 1 GROSSES EINMACHGLAS (CA. 500 ML)

1 Möhre oder 10 Radieschen
½ Bio-Salatgurke oder 1 Mini-
gurke
½ Zwiebel
2 TL Meersalz
120 ml Apfel-, Reis- oder Weiß-
weinessig
2 EL Rohrohrzucker
1 TL frischer Ingwer, gerieben
250 ml Wasser

1. Die Möhre schälen und in feine Stifte schneiden, Radieschen waschen und in dünne Scheiben schneiden, Gurke ebenfalls in dünne Scheiben schneiden. Die Zwiebel schälen und in feine Ringe schneiden.
2. Das Gemüse zusammen in eine Schüssel geben und mit dem Salz vermischen. Einen schweren Gegenstand auf das Gemüse stellen. Dazu z. B. einen mit Konservendosen oder Milchtüten beschwerten Teller oder Topf verwenden, dessen Durchmesser kleiner als die Schüssel ist. Diesen auf das Gemüse stellen. Zwei Stunden im Kühlschrank durchziehen lassen.
3. Das Gemüse in einem Sieb gut abtropfen lassen. In einem Topf Essig, Zucker, Gewürze und Wasser vermischen und erhitzen, bis die Mischung fast kocht. Durch ein Sieb auf das Gemüse gießen und die Schüssel abdecken.
4. Abkühlen lassen, bis die Schüssel Zimmertemperatur hat. Die Mischung in ein sauberes, steriles und luftdichtes Glas füllen, im Kühlschrank aufbewahren und innerhalb von 10–15 Tagen verbrauchen.

Variationen
*Auch Basilikum und Zitronengras passen zu dieser Version mit
Ingwer. Wer das nicht mag, würzt mit Dill, Estragon, Senfkörnern und
Lorbeerblättern.*

Kartoffelspalten

Knusprige Kartoffelspalten (Potatoe Wedges) schmecken besser als Pommes frites und sind einfacher zuzubereiten – besonders, wenn die Gästeschar groß ist. Dazu vermischt man die Kartoffelspalten mit einer köstlichen Marinade und schiebt sie einfach in den Ofen. Sind sie gar, kann man sie bei niedrigen Temperaturen getrost noch bis zu zwei weitere Stunden sich selbst überlassen.

FÜR 4–6 PORTIONEN

1 ¼ kg festkochende Kartoffeln
(z. B. Sieglinde, Agria)
1 Knoblauchzehe
4–5 EL Olivenöl
1 EL Maisgrieß (Polenta)
2 TL geräuchertes, edelsüßes
Paprikapulver (z. B. Pimentón de
la Vera dulce, im Gewürzhandel
oder in spanischen Lebensmittel-
geschäften erhältlich)
1 TL Kurkumapulver
1 TL Thymian
1 TL heller Vollrohrzucker
½ TL Salz

1. Den Backofen auf 180 °C vorheizen. Die Kartoffeln gründlich waschen. Nach Geschmack mit oder ohne Schale in längliche Spalten schneiden. In einem sauberen Geschirrtuch trocken schütteln.
2. Knoblauch schälen und fein hacken. In einer Schüssel Öl, Maisgrieß, Paprika- und Kurkumapulver, Thymian, Zucker und Salz vermischen.
3. Ein Backblech mit hohem Rand (Fettpfanne) mit Backpapier auslegen. Die Kartoffelspalten daraufgeben, mit dem Knoblauch vermengen. Die Marinade über die Kartoffeln träufeln und alles gründlich mit den Händen vermischen. Die Kartoffelspalten einlagig auf dem Blech verteilen und je nach Größe 30–50 Minuten backen, bis sie goldgelb sind. Währenddessen drei- bis viermal wenden.

Tipp

Damit die Kartoffelspalten gleichmäßig mit der Marinade bedeckt sind, beides in einem verschlossenen Behälter kräftig durchschütteln.

Variation

Man kann die Kartoffelspalten auch aus Süßkartoffeln zubereiten, am besten aus einer orangefarbenen Sorte. Diese besitzen mehr Aroma und sind nicht so mehlig. Dazu bei der Marinade den Zucker weglassen und die Backzeit um etwa zehn Minuten verlängern.

BUNTE GEMÜSE-POMMES

Gemüse-Pommes sorgen geschmacklich und optisch für eine genussvolle Abwechslung. Für die Zubereitung eignen sich sämtliche Wurzelgemüse! Wichtig dabei ist, die Pommes in gleich dicke Stifte zu schneiden, damit sie alle dieselbe Garzeit haben. Auf einer Burger-Party können sie der große Renner sein – also nicht vergessen!

FÜR 4–6 PORTIONEN

3 Pastinaken
6 Möhren
2 große Rote Bete
2 Süßkartoffeln
Olivenöl
Fleur de Sel*

1. Den Backofen auf 200 °C vorheizen. Das Gemüse schälen oder mit einer Gemüsebürste gründlich säubern. In gleich dicke, lange Pommes schneiden.
2. Auf einem mit Backpapier ausgelegten Backblech verteilen und mit Olivenöl nur bestreichen (nicht mit dem Öl vermischen, sonst färbt die Rote Bete ab). Etwa 30 Minuten im Ofen backen und mit Fleur de Sel bestreuen.

Tipp

Wer besonders knusprige Gemüse-Pommes möchte, legt sie auf einen Backrost anstelle eines Backblechs. Die anschließende Reinigung des Ofens ist dann allerdings etwas aufwendiger.

Variation

Kurz bevor die Gemüse-Pommes gar sind, ein kleines Stück Ingwerwurzel in einen Topf reiben. Den Saft von einer Orange, 2 EL Honig, 1 EL Tahin (Sesammus) und 1 TL Sojasauce dazugeben. Erhitzen, bis die Mischung fast kocht und auf mittlerer bis großer Flamme fünf Minuten einkochen lassen. Das fertige Gemüse mit der Sauce übergießen, gut durchmischen und gleich servieren.

* *Fleur de Sel ist ein edles Meersalz, das besonders aromatisch, zart und gleichzeitig knusprig ist. Es wird in Handarbeit gewonnen und als reines Tafelsalz verwendet.*

ZWIEBELRINGE

Dieser amerikanische Fingerfood-Klassiker wird bei uns vor allem in tiefgefrorener Form verkauft. Nach einigen Zubereitungsversuchen lautet unsere Erkenntnis: Auf die Zwiebel kommt es an! Sie sollte möglichst wenig Feuchtigkeit enthalten (siehe unten: Tipps). Zudem hat sich gezeigt, dass ein spezieller Backteig unnötig ist. Stattdessen paniert man die Zwiebelringe mehrfach mit Milch und Mehl. Auf diese Weise erhalten Sie die mit Abstand knusprigsten Zwiebelringe, inklusive klebriger Finger!

FÜR 4–6 PORTIONEN

1 große Gemüsezwiebel
(ca. 200 g) oder 2–3 Zwiebeln
100 g Weizenmehl
50 g Maismehl
¼ TL Salz
weißer Pfeffer, frisch gemahlen
200 ml Milch oder Sojamilch
400 ml Frittieröl
Meersalz

1. Die Zwiebel schälen und in dicke Scheiben schneiden, mit den Händen in einzelne Ringe zerteilen. Weizen- und Maismehl mit Salz und Pfeffer vermischen. Die Milch in eine Schüssel gießen, das Frittieröl in einem Topf erhitzen.
2. Jeden Zwiebelring in die Milch tunken und im Mehl wälzen, den Vorgang jeweils ein Mal wiederholen. Die panierten Zwiebelringe in das heiße Öl legen, drei Minuten goldbraun ausbacken und anschließend wenden. Dabei jeweils sechs bis sieben Ringe gleichzeitig frittieren, damit die Temperatur des Öls nicht absinkt.
3. Die frittierten Zwiebelringe auf einem Teller mit Küchenkrepp abtropfen lassen und nach Geschmack mit Meersalz bestreuen.

Tipps
Damit die Zwiebelringe schön knusprig werden, sollten Sie keine jungen Zwiebeln, Cevennen-Zwiebeln oder rote Zwiebeln verwenden: Weil sie viel Flüssigkeit enthalten, fallen sie beim Frittieren auseinander und weichen den Teig auf.
Während die übrigen Zwiebelringe frittiert werden, die bereits fertigen Ringe im Backofen bei 100 °C warm halten.

Variationen
Sie können nach Geschmack auch Kreuzkümmelsamen, klein gehackten Thymian oder Anissamen unter das Mehl mischen.

cleas cole slaw

Auch ich mag die klassische Mayonnaise nicht besonders (siehe auch Estérelles Rezept auf Seite 70). Ich ersetze sie hier durch eine »Tofunaise«, die sehr viel leichter schmeckt. Was in meinem Krautsalat nicht fehlen darf, sind säuerliche Trockenfrüchte wie Cranberrys.

FÜR 4-6 PORTIONEN

½ kleiner Weißkohl
¼ kleiner Rotkohl
3 EL Cranberrys
120 g Seidentofu
1 ½ TL grobkörniger Senf
2 EL Zitronensaft, frisch gepresst
Salz
½ TL edelsüßes oder scharfes
Paprikapulver
1 EL Olivenöl
1 Apfel
12 Walnuss-/Baumnusskerne
etwas Schnittlauch

1. Weiß- und Rotkohl jeweils von den äußeren Blättern befreien, vierteln, Strunk entfernen und den Kohl so fein wie möglich schneiden. Waschen und gut abtropfen lassen bzw. trocken schleudern. Cranberrys untermengen.
2. Den Seidentofu mit Senf, Zitronensaft, Salz, Paprikapulver und Olivenöl gründlich vermischen.
3. Weiß- und Rotkohl unter die Sauce heben und mindestens sechs Stunden kalt stellen, damit der Kohl schön zart wird.
4. Vor dem Servieren den ungeschälten, vom Kerngehäuse befreiten, fein gewürfelten Apfel und die grob gehackten Walnüsse unterrühren. Mit Schnittlauchröllchen bestreuen.

estérelles cole slaw

Mayonnaise zu frischem Gemüse schmeckt mir persönlich nicht frisch genug. Also trickse ich ein bisschen und verfeinere einen cremigen Joghurt mit Kurkuma und Senf. Karotten sind immer in meinem Krautsalat – ansonsten richte ich mich danach, was der Kühlschrank gerade hergibt: Kohl, Kohlrabi, Rettich ... Hauptsache weiß und knackig!

FÜr 4–6 Portionen

250 g Schafsmilch-Joghurt
4 TL naturtrüber Apfelessig
4 TL Senf
1 TL Kurkumapulver
1 TL Honig oder Agavensirup
1 TL feinkörniges Salz
4 mittelgroße Möhren
2 kleine Kohlrabis (ca. 300 g)
1 großer Apfel
40 g Kürbis-, Sonnenblumenkerne oder andere Kerne nach
Geschmack

1. In einer Schüssel Schafsmilch-Joghurt, Apfelessig, Senf, Kurkuma, Honig und Salz vermischen.
2. Die Möhren und den Kohlrabi schälen und grob reiben. Den Apfel mitsamt Schale vierteln und vom Kerngehäuse befreien, in kleine Würfel schneiden. Möhren, Kohlrabi und Apfel mit der Sauce vermischen.
3. Kürbis- und Sonnenblumenkerne in einer Pfanne anrösten. Grob hacken und unter den Krautsalat mischen. Vor dem Servieren eine Stunde im Kühlschrank ziehen lassen.

Variationen

Anstelle des milden Kohlrabis schmeckt auch in feine Streifen geschnittener Weißkohl. Falls Sie gerade etwas von der veganen Mayonnaise (Seite 60) übrig haben, diese einfach mit in die Sauce rühren.

über die autorinnen

Hinter dem Pseudonym CLEA steht eine der
bekanntesten französischen Bloggerinnen
für die Bioküche (*Blog Clea Cuisine,
cleacuisine.fr*). Von der studierten Ernährungs-
wissenschaftlerin sind bereits zahlreiche
Kochbücher in Frankreich erschienen.
Dies ist ihr zweites Buch auf deutsch.

estérelle payany ist Kochbuchautorin und
Kulinarik-Journalistin. Sie schreibt nur über
ein einziges Thema, das sie interessiert – und das
ist das Kochen! Die Pariserin betreibt den
französischen Kochblog *esterkitchen.com*.
Sie schreibt für namhafte Magazine wie ELLE und
für zahlreiche Kochbuchverlage in Frankreich.
Dies ist ihr erstes Buch auf deutsch.

BÜCHER ZUR VEGETARISCHEN KÜCHE

Keime & Sprossen
Köstliche Kraftpakete aus der Küche
von Valérie Cupillard,
120 Seiten
ISBN 978-3-7750-0484-8

Gesunder Genuss fürs ganze Jahr: Entdecken Sie die Vielfalt der Keime und Sprossen. Mit leckeren, raffinierten und einfachen Rezepten, Hinweisen zum Selberziehen und Informationen über die gesundheitlichen Aspekte.

Quinoa, Amarant, Teff & Co
glutenfreie und vegetarische Genussrezepte
von Erica Bänziger,
140 Seiten,
ISBN 978-3-7750-0638-5

Die perfekten Getreidealternativen in Küche und Backstube: Die kreativen vegetarischen und glutenfreien Rezepte mit Amarant, Quinoa & Co. verbinden Genuss mit vielen Vorteilen für die Gesundheit.

Vegan & vollwertig genießen
von Annette Heimroth und Brigitte Bornschein,
Vorwort: Barbara Rütting,
216 Seiten,
ISBN 978-3-7750-0573-9

Ganzheitlich vegan genießen ist gut für Mensch und Tier! Rezepte mit doppeltem Effekt, ohne tierische Produkte und ernährungstechnisch einwandfrei: Genuss vom Frühstück bis zum Abendessen.

IN DERSELBEN REIHE ERSCHIENEN

Risotto vegetarisch
*30 köstliche vegetarische Rezepte
aus der italienischen Küche*
von Ursula Ferrigno, 64 Seiten,
ISBN 978-3-7750-0371-1

Die Risotto-Rezepte zaubern die
Lebenslust und den Esprit der
italienischen Küche auf den Tisch.
Köstlich, vollwertig und leicht in
der Zubereitung ist Risotto die
perfekte Lösung für die schnelle
Abendmahlzeit oder ein ent-
spanntes Essen mit Freunden.

Säfte & Smoothies
von Thea Spierings,
86 Seiten,
ISBN 3-7750-0562-3

Köstlich – cremig – fruchtig:
40 trendige Rezepte für frische
Säfte und Smoothies von fruchtig
bis pikant. Die Zubereitung ist
unkompliziert, die Ideen sind
verführerisch und zudem noch
gesund!

Tapas vegetarisch
Spanische kleine Köstlichkeiten
von Margit Kunzke,
91 Seiten, 35 Farbfotos,
ISBN 978-3-7750-0666-8

¡Viva la tapa vegetariana! Das
Schöne an Tapas ist, dass die
Portionen klein sind und die
genussvolle Auswahl dafür umso
größer ist. Spanische Spezialitä-
ten für vegetarisches Fingerfood
und leckere Häppchen für den
Urlaub zu Hause.

Neue Rezeptideen und weitere Infos rund um unser Buchprogramm finden Sie unter
www.haedecke-verlag.de, wwww.mizzis-kuechenblock.de und www.facebook.com/haedecke.verlag